ROLAND,

TRAGEDIE

REPRE'SENTE'E POUR LA PREMIERE FOIS

DEVANT SA MAJESTE',

à Versailles, le huitiéme Janvier 1685.

PAR L'ACADEMIE ROYALE

DE MUSIQUE;

Et remise au Theatre le quinziéme Novembre 1709.

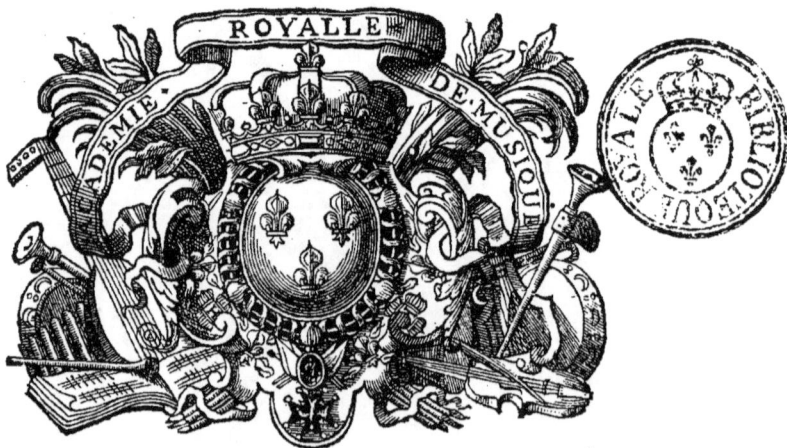

A PARIS,

Chez Christophe Ballard, seul Imprimeur du Roy
pour la Musique, ruë S. Jean de Beauvais, au Mont-Parnasse.

M. DCCIX.

Avec Privilege de Sa Majesté.

LE PRIX EST DE TRENTE SOLS.

PERSONNAGES

DU PROLOGUE.

DÉMOGORGON, *Roy des Fées, & le premier des Genies de la Terre.* Monſieur Hardoüin.

TROUPE de Fées.

TROUPE de Genies de la Terre.

LA PRINCIPALE FÉE. Mademoiſelle Dujardin.

UNE FÉE, Mademoiſelle d'Huqueville.

Noms des Actrices & des Acteurs, chantants dans les Chœurs du Prologue, & de la Tragedie.

SECOND RANG.   PREMIER RANG.

MESDEMOISELLES

Baſſet.	Laurent.	D'Huqueville.	Du Vauroſe.
Guillet.	Boiſé-C.	De la Roche.	Du Menil.
Veron.			

MESSIEURS

Le Jeune.	Paris.	Courteil.	Marianval-C.
Mantienne.	Buſeau.	Verny.	Le Myre.
Cadot.	Perere.	Deſmars.	Graſnet.
Lebel.	Corbie.	Renard.	Alexandre.
Bertrand.			

A ij

DIVERTISSEMENT
du Prologue.

GENIES.

Monſieur F-Dumoulin.

Meſſieurs Germain, Dumoulin-L., Marcelle-L., Javilliers, Blondy, & Ferand.

FE'ES.

Mademoiſelle Guyot,

Meſdemoiſelles Milot, Chaillou, Dufrêne, Mangot, Le Maire, & Menés,

※

On vend le Recueil général des Paroles des Opera, en huit Volumes indouze. ornez de Planches, 16. liv.

Les Airs ajoûtez à cette Piece & chantez par Mademoiſelle DUN, ſont à la fin de ce Livre.

PROLOGUE.

LE THE'ATRE REPRE'SENTE le Palais de DEMOGORGON.

DEMOGORGON eſt ſur ſon Trône,
accompagné d'une Troupe de GENIES,
& d'une Troupe de FE'ES.

DEMOGORGON.

L E Ciel qui m'a fait vôtre Roy,
  Dans vôtre deſtin m'intereſſe :
  Je vous aſſemble icy, pour calmer vôtre
    effroy ;
  Il eſt temps que les Jeux chaſſent vôtre
    triſteſſe.

La Paix fuyoit au bruit des terribles combats,
Mais la voix du Vainqueur la rapelle icy bas.
La Guerre impitoyable, & ſes fureurs affreuſes
Ne ravageront point vos retraites heureuſes.

PROLOGUE.

Tout cede au plus grand des Heros,
En vain l'Envie & la Rage s'assemblent,
Il ne punit ses Ennemis qui tremblent,
Qu'en les condamnant au repos.

DEMOGORGON, la principale FE'E, Chœurs
des GENIES, & des FE'ES.

On n'entend plus le bruit des Armes.
Doux Plaisirs, reprenez vos charmes
Jeux innocents, venez vous rassembler;
Rien ne vous peut troubler.

Les FE'ES témoignent leur joye en dansant,
& en chantant.

CHOEUR des FE'ES.

Que la Guerre est effroyable!
Quel bien est plus doux que la Paix?
Peut-on trop cherir ses attraits?
Que son regne est aimable,
Qu'il dure à jamais!
Nous n'aurons que de beaux jours.
Que de Jeux vont paroître!
Que nous verrons naître
De tendres Amours!
Tout rit, tout enchante:
Chantons la Paix charmante,
Chantons le Sort heureux
Qui va combler nos vœux.

PROLOGUE.

Chantons tous la Paix charmante ;
Chantons le Sort heureux
Qui va combler nos vœux.

La Principale FE'E.

Au milieu d'une paix profonde ,
Offrons des jeux nouveaux au Heros glorieux ,
Qui prend soin du bonheur du Monde.
Allons nous transformer pour paroître à ses yeux.

DEMOGORGON.

Du célebre Roland renouvellons l'Histoire.
La France luy donna le jour :
Montrons les erreurs où l'Amour
Peut engager un cœur qui néglige la Gloire.

DEMOGORGON, & la Principale FE'E.

Allons faire entendre nos voix
Sur les bords heureux de la Seine ,
Allons faire entendre nos voix
Au Vainqueur dont tout suit les loix.

DEMOGORGON.

Il avoit mis aux fers la Discorde inhumaine ;
En vain elle a rompu sa chaîne ,
Il l'enchaîne encore une fois.

DEMOGORGON, la Principale FE'E, & les CHOEURS.

Allons faire entendre nos voix
Sur les bords heureux de la Seine ,
Allons faire entendre nos voix
Au Vainqueur dont tout suit les loix.

Les GENIES, & les FE'ES font un essay des Danses,
& des Chansons qu'ils veulent préparer.

Une FE'E chante, & les CHOEURS des GENIES
& de FE'Es luy répondent.

C'est l'Amour qui nous menace ;
Que de cœurs sont en danger !
Quelques maux que l'Amour fasse,
On ne peut s'en dégager.
Il revient quand on le chasse,
Il se plaît à se vanger.
C'est l'Amour qui nous menace ;
Que de cœurs sont en danger !

DE'MOGORGON, la Principale FE'E, & les CHOEURS
des GENIES & des FE'Es chantent, ensemble

Le Vainqueur a contraint la guerre
D'éteindre son flambeau :
Il rend le repos à la terre,
Quel triomphe est plus beau !

FIN DU PROLOGUE.

ACTEURS

ACTEURS
DE LA TRAGEDIE.

ANGELIQUE, *Reyne de Catay.* Mad[elle] Journet.

ATEMIRE, *Confidente d'Angelique.* Mad[elle] Poussin.

MEDOR, *Suivant d'un des Roys Affriquains.* Monsieur Chopelet.

ZILIANTE, *Prince des Isles Orientales.* Monsieur Dun.

TROUPE d'Insulaires, de la suite de Ziliante.

INSULAIRES. Messieurs Mantienne, & Beaufort.

ROLAND, *Neveu de Charlemagne, & le plus renommé des Paladins.* Monsieur Thévenard.

TROUPE d'Amours.

DEUX AMANTES ENCHANTÉES. Mademoiselles d'Huqueville, & Veron.

TROUPE de Sirenes.

TROUPE de Dieux de Fleuves.

TROUPE de Silvains.

TROUPE d'Amants enchantez, & d'Amantes enchantées.

TROUPE de Peuples de Catay, Sujets d'Angelique.

SUIVANTE d'Angelique. Mademoiselle Veron

SUIVANTS d'Angelique. Mrs Grasner, & Buzeau.

ACTEURS.

ASTOLFE, *Amy de Roland.*   Monfieur Buzeau.

CORIDON, *Berger, Amant de Belife.* Mr Cochereau.

BELISE, *Bergere, Amante de Coridon.* Mad^ella Pouffin.

TERSANDRE, *Berger, Pere de Belife.* Mr Defvoyes.

TROUPE *de Bergers.*

TROUPE *de Bergeres.*

LOGISTILLE, *l'une des plus puiffantes Fées, & celle qui a la Sageffe en partage.*   Mademoifelle Dujardin.

TROUPE *de Fées de la Suite de Logiftille.*

TROUPE *d'Ombres d'anciens Heros.*

LA GLOIRE.   .   Mademoifelle Boifé.

SUITE *de la Gloire.*

LA TERREUR.

LA RENOME'E.

DIVERTISSEMENTS
de la Tragedie.

PRÉMIER ACTE.
INSULAIRES.

Monfieur Balon,

Meffieurs Germain, Dumoulin-L., F-Dumoulin, P-Dumoulin, Blondy, Marcel, Javilliers, & Gautrau.

SECOND ACTE.
AMANTS CONTENTS.

Meffieurs Dumoulin-L., F-Dumoulin, & P-Dumoulin. Mefdemoifelles Prevoft, Guyot, & Chaillou.

TROISIÉME ACTE.
PEUPLES.

Mademoifelle Prevoft.

Meffieurs Germain, Dumoulin-L., Marcel-L., Javilliers, Ferand, & Blondy.

Mefdemoifelles Chaillou, Milot, Dufrefne, Menés, Lemaire, & Mangot.

B ij

QUATRIÉME ACTE.

NOPCE DE VILLAGE.

LE MARIE'.	Monſieur Balon.
LA MARIE'E.	Mademoiſelle Prevoſt.
LE PERE.	Monſieur Ferand.
LA MERE.	Mademoiſelle Chaillou.
SON FILS JANNOT.	Monſieur Marcel.

BERGERS.

Meſſieurs Germain, Dumoulin. L. , Pieret, & Gautrau.

BERGERES.

Meſdemoiſelles Lemaire , Dufreſne, Mangot , & Menés.

PASTRES.

Meſſieurs F-Dumoulin, P-Dumoulin,
Maltais, Maureau, & le petit le Roy.

PAYSANNES.

Meſdemoiſelles de Rochecourt, Maugis,
& la petite le Roy.

CINQUIÉME ACTE.

FEES.

Meſdemoiſelles Dufrêne, Mangot, Guyot, Lemaire,
Menés, & Prevoſt.

HEROS.

Monſieur Blondy,
Meſſieurs Ferand, Marcel, P-Dumoulin, D-Dumoulin,
Javilliers, & Gautrau.

ACTEURS

DE LA TRAGEDIE.

ANGELIQUE, *Reyne de Catay.* Mad^{elle} Journet.

TEMIRE, *Confidente d'Angelique.* Mad^{elle} Pouſſin.

MEDOR, *Suivant d'un des Roys Affriquains.*
                        Monſieur Chopelet.

ZILIANTE, *Prince des Iſles Orientales.* Monſieur Dun.

TROUPE d'Inſulaires, de la ſuite de Ziliante.

INSULAIRES. Meſſieurs Mantienne, & Beaufort.

ROLAND, *Neveu de Charlemagne, & le plus renommé
  des Paladins.*   Monſieur Thévenard.

TROUPE d'Amours.

DEUX AMANTES ENCHANTEES.
            Mademoiſelles d'Huqueville, & Veron.

TROUPE de Sirenes.

TROUPE de Dieux de Fleuves.

TROUPE de Silvains.

TROUPE d'Amants enchantez, & d'Amantes enchantées.

TROUPE de Peuples de Catay, Sujets d'Angelique.

SUIVANTE d'Angelique.   Mademoiſelle Veron

SUIVANTS d'Angelique.   Mrs Graſnet, & Buzeau.

B

QUATRIÉME ACTE.

NOPCE DE VILLAGE.

LE MARIE'.	Monfieur Balon.
LA MARIE'E.	Mademoifelle Prevoft.
LE PERE.	Monfieur Ferand.
LA MERE.	Mademoifelle Chaillou.
SON FILS JANNOT.	Monfieur Marcel.

BERGERS.
Meffieurs Germain, Dumoulin.L., Pieret, & Gautrau.

BERGERES.
Mefdemoifelles Lemaire, Dufrefne, Mangot, & Menés.

PASTRES.
Meffieurs F-Dumoulin, P-Dumoulin,
Maltais, Maureau, & le petit le Roy.

PAYSANNES.
Mefdemoifelles de Rochecourt, Maugis,
& la petite le Roy.

CINQUIÉME ACTE.

FEES.
Mefdemoifelles Dufrène, Mangot, Guyot, Lemaire,
Menés, & Prevoft.

HEROS.
Monfieur Blondy,
Meffieurs Ferand, Marcel, P-Dumoulin, D-Dumoulin,
Javilliers., & Gautrau.

ROLAND,
TRAGEDIE.

ACTE PREMIER.

Le Théatre repréfente un Hameau.

SCENE PREMIERE.

ANGELIQUE.

AH! que mon cœur eſt agité!
L'Amour y combat la Fierté,
Je ne ſçay qui des deux l'emporte ;
  Quelquefois la Fierté demeure la plus forte,
 Quelquefois l'Amour eſt vainqueur ;
De moment en moment une guerre mortelle
  Dans mon ame ſe renouvelle.
  Quel trouble! helas! quelle rigueur !
  Funeſte Amour, Fierté cruelle,
Ne ceſſerez-vous point de déchirer mon cœur?

SCENE DEUXIÉME.

ANGELIQUE, TEMIRE.

TEMIRE.

Vous avez peu d'impatience
De voir le riche Don qu'on va vous présenter.
C'est un prix que Roland vous a fait apporter
Des Rivages lointains, où le jour prend naiſſance.
Pour vous par mille Exploits il a ſçû l'acheter,
*　　Serez-vous ſans reconnoiſſance?*
Faut-il que tant d'amour ne puiſſe meriter
*　　Qu'une éternelle indifference ?*

ANGELIQUE.

L'invincible Roland n'a que trop fait pour moy,
Fay-moy reſſouvenir de ce que je luy doy.

TEMIRE.

Pourriez-vous oublier l'ardeur dont il vous aime?

ANGELIQUE.

*　　Je ſonge, autant que je le puis,*
A ſa rare valeur, à ſon amour extrême :
Mais malgré tous mes ſoins, dans le trouble où je ſuis
*　　Je crains de m'oublier moy-même :*
Je crains que ma fierté ne ſuccombe en ce jour.

TEMIRE.

Aimez Roland à vôtre tour:
Il n'est point de climats où sa gloire ne vole.
Du moins, la Fierté se console
Quand la Gloire l'oblige de ceder à l'Amour.

Roland renverse tout par l'effort de ses armes,
Son bras sçait affermir un trône chancelant.

ANGELIQUE.

Helas ! helas ! que Medor a de charmes !
Ah ! que n'a-t'il la gloire de Roland !

TEMIRE.

Medor !

ANGELIQUE.

Ma foiblesse t'étonne.
Ne me déguise rien, parle, je te l'ordonne,
Représente à mon cœur la honte de son choix.

TEMIRE.

Medor d'un sang obscur a reçû la lumiere :
Pourroit-il être aimé d'une Reine si fiere ?
D'une Reine qui sous ses loix
Ne voit qu'avec mépris les Heros, & les Rois?

ANGELIQUE.

Mon cœur étoit tranquile, & croyoit toûjours l'être,
Quand je trouvay Medor blessé, prés de mourir:
La pitié, dans ce Lieu champêtre,
M'arresta pour le secourir.

Le prix de mon secours est le mal que j'endure ;
La pitié pour Medor a trop sçû m'attendrir.
Ma funeste langueur s'augmentoit à mesure
     Qu'il guerissoit de sa blessûre ;
Et je suis en danger de n'en jamais guerir.

T E M I R E.

Eloignez de vos yeux ce qui peut trop vous plaire.

A N G E L I Q U E.

Ma gloire le demande, il faut la satisfaire :
Il faut bannir Medor... banir Medor ? helas !
     C'est me condamner au trépas.
Il n'importe... il le faut... qu'il parte... qu'il me quitte.

Elle apperçoit M E D O R.

     Il resve, il tourne icy ses pas.
     Que je suis interdite !
     Ne m'abandonne pas.

A N G E L I Q U E & T E M I R E se retirent.

SCENE

SCENE TROISIEME.
M E D O R.

AH ! quel tourment
De garder en aimant
Un éternel silence !
Ah ! quel tourment
D'aimer sans esperance !

J'aime une Reine, helas ! par quel enchantement
    Ay-je oublié son rang, & ma naissance,
Et combien entre nous le Sort met de distance !
Malheureux que je suis, j'aime un Objet charmant
    Que tant de Rois ont aimé vainement !
Je doy cacher un amour qui l'offense ;
    Il faut me faire à tout moment
    Une cruelle violence.

Ah ! quel tourment
De garder en aimant
Un éternel silence !
Ah ! quel tourment
D'aimer sans esperance !

C

SCENE QUATRIEME.

MEDOR, ANGELIQUE, TEMIRE.

MEDOR.

DE la part de Roland, on vient jufqu'en ces lieux
　　　　Vous offrir un Don précieux.
Il vous aime, il vous fert, fon amour peut paroître :
Et tout abfent qu'il eft, il vous le fait connoître :
Ses travaux quels qu'ils foient font trop récompenfez,
O trop heureux Roland !

ANGELIQUE.

　　　　　　Roland fera peut-être
Moins heureux que vous ne penfez.
Plus fon amour éclate, & plus il m'importune,
　　　J'ay honte de luy trop devoir.
　　　Non, n'enviez point fa fortune.

MEDOR.

Il eft vray qu'il n'a pas le plaifir de vous voir.

ANGELIQUE.

Je le fuis, & fans luy deformais je n'afpire
　　　Qu'à retourner dans mon Empire.
　　　Enfin, Medor, enfin, je veux fçavoir
　　　Si j'ay fur vous un abfolu pouvoir.

MEDOR.

Vous eftes de mon fort Maîtreffe fouveraine.
Je fervois un grand Roy, j'avois fuivy fes pas
Des Rivages du Nil jufqu'aux bords de la Seine.
Il eft mort en cherchant la Gloire, & les Combats ;
Sans vous, j'allois le fuivre au de-là du Trépas.

Vous servir est ma seule envie,
J'en fais mon espoir le plus doux ;
Vous m'avez conservé la vie,
Heureux si je la pers pour vous !

ANGELIQUE.

Medor, vous avez lieu de croire
Que je m'interesse en vos jours :
J'en ay pris soin, le Ciel a beny mon secours,
A la fin il est temps d'avoir soin de ma gloire.
Par pitié, prés de vous, j'ay voulu demeurer,
Tandis que mon secours vous étoit necessaire :
Ma pitié n'a plus rien à faire,
Il est temps de nous separer.
Partez, Medor. MEDOR.
O Ciel !

ANGELIQUE.

Partez sans differer.

MEDOR.

Helas ! ay-je pû vous déplaire ?

ANGELIQUE.

Non, non, je n'ay point de colere …
Laissons des discours superflus.
Partez. MEDOR.
Je ne vous verray plus !

ANGELIQUE.

Choisissez où vous voulez vivre,
Je prendray soin de vôtre sort.

MEDOR.

Vous me deffendez de vous suivre,
Je ne veux chercher que la mort. C ij

ROLAND,

ANGELIQUE.

Vivez, conſervez mon ouvrage,
Songez que c'eſt me faire outrage
De voir vos jours avec mépris,
Aprés le ſoin que j'en ay pris.

MEDOR.

Vous voulez que je vive, & vôtre arreſt me chaſſe,
Mes jours à vous ſervir ne ſont pas reſervez !
Eh que voulez-vous que je faſſe
De ces jours malheureux que vous m'avez ſauvez ?

ANGELIQUE.

Puiſſiez-vous loin de moy joüir d'un ſort paiſible.

MEDOR.

Loin de vous ! Ciel ! eſt-il poſſible ?
Ah ! falloit-il me ſecourir ?
Que ne me laiſſiez-vous mourir ?

ANGELIQUE.

Terminons des regrets qui pourroient trop s'étendre :
Ne me dites plus rien, je ne veux rien entreprendre.
Il eſt temps de nous ſeparer ;
Partez, Medor.

MEDOR.

O Ciel !

ANGELIQUE.

Partez ſans differer.

SCENE CINQUIÉME.

ANGELIQUE, TEMIRE.

ANGELIQUE.

JE ne verray plus ce que j'aime.
 Conçois-tu bien l'effort extrême,
Que pour bannir Medor je me fais aujourd'huy ?
Il part defefperé, tu vois où je l'expofe :
 Il va mourir, j'en fuis la caufe,
 Je mourray bien-tot aprés luy.
Non, un trop tendre amour dans fes jours m'intereffe.
Non, qu'il ne parte point, allons le rapeller...
 Infortunée ! où veux-je aller?
Je vais trahir ma gloire, & montrer ma foibleffe.
 Ciel ! quel eft mon malheur !
 S'il faut que l'amour me furmonte,
  Je doy mourir de honte ;
 S'il faut l'arracher de mon cœur,
  Je mourray de douleur.

TEMIRE.

 Le fecours de l'abfence
 Eft un puiffant fecours :
 C'eft l'unique efperance
Des Cœurs qui veulent fuir les funeftes amours.

A N G E L I Q U E.

Le secours de l'absence
Est un cruel secours.
Ah! quelle violence,
De fuir incessamment ce qui charme toûjours.

T E M I R E & A N G E L I Q U E.

Le secours de l'absence

T E M I R E. $\rbrace$
ANGELIQUE. $\rbrace$ *Est un* $\lbrace$ *puissant* $\rbrace$ *secours.*
　　　　　　　　　　　$\lbrace$ *cruel* $\rbrace$

A N G E L I Q U E.

Quoy! Medor, pour jamais d'avec moy se separe!
Devois-tu m'inspirer un dessein si barbare!
Temire, j'ay suivy tes conseils rigoureux.
Fay revenir Medor; que rien ne te retienne,
Va, cours ... Mais s'il revient ... n'importe, qu'il
　revienne ....
Atten ... Je veux ... helas! sçay-je ce que je veux?

T E M I R E.

Voyez ces Etrangers, contraignez-vous pour eux.

A N G E L I Q U E.

Ne puis-je en liberté soûpirer & me plaindre?
　Faudra-t'il toûjours me contraindre?
　Sans Medor, tout me semble affreux.
Va le voir, & du moins console un Malheureux.

SCENE SIXIÉME.

ZILIANTE. Troupe d'INSULAIRES Orientaux.

ZILIANTE présentant un Braffelet à ANGELIQUE.

AU généreux Roland je doy ma délivrance ;
D'un charme affreux fa valeur m'a fauvé ;
Il n'a voulu de ma reconnoiffance
Que ce Préfent qu'il vous a réfervé.
Je viens, pour vous l'offrir, du Rivage où l'Aurore
Ouvre la barriere du jour.
Vous embrâfez Roland d'un feu qui le dévore ;
Mais qui peut voir la Beauté qu'il adore
Voit fans étonnement l'excés de fon amour.

Triomphez, charmante Reine,
Triomphez des plus grands Cœurs.
Ce n'eft qu'aux plus fameux Vainqueurs
Qu'il eft permis de porter vôtre chaîne.
Triomphez, charmante Reine,
Triomphez des plus grands Cœurs.

Le CHOEUR des INSULAIRES chante ces derniers
Vers dans le temps que ZILIANTE préfente le Braffelet
à ANGELIQUE, & les autres INSULAIRES danfent
à la maniere de leur Païs.

CHOEUR des INSULAIRES.

Triomphez, charmante Reine,
Triomphez des plus grands Cœurs.

ROLAND,
Ce n'est qu'aux plus fameux Vainqueurs
Qu'il est permis de porter vôtre chaîne.
Triomphez, charmante Reine,
Triomphez des plus grands Cœurs.
DEUX INSULAIRES.
Dans nos Climats
Sans chagrin on soûpire,
L'Amour dont nous suivons l'empire
N'a que des appas.
Fuyons les Belles
Cruelles,
Craignons leur pouvoir,
Que sert-t'il de les voir?
Ah! gardons-nous d'un amour sans espoir.
Quelle peine!
Quel tourment!
D'être Amant
D'une Inhumaine!
Si nous devenons amoureux,
Aimons pour être heureux.

Sans les Amours
On s'ennuiroit de vivre
Mais nous devons cesser de suivre
Qui nous fuit toûjours.
Fuyons les Belles
Cruelles, &c.
FIN DU PREMIER ACTE.
ACTE II.

ACTE SECOND.

Le Theatre change, & represente la Fontaine enchantée de l'Amour, au milieu d'une Forest.

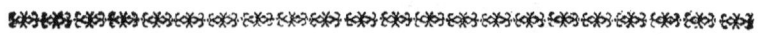

SCENE PREMIERE.

ANGELIQUE, TEMIRE,
Suite d'ANGELIQUE.

TEMIRE.

UN charme dangereux dans ces bois vous attire,
  Il faut en détourner vos pas.
L'Amour regne en ces lieux, évitez ses appas,
  Heureux qui peut fuir son Empire !

ANGELIQUE,

Je porte au fond du cœur mon funeste martyre.
Helas ! où puis-je aller ? où puis-je fuir ? helas !
  Où l'Amour ne me suive pas !

D

Ah ! j'ay banni Medor , ma triſteſſe eſt mortelle.
Que ne le preſſois-tu de me deſobéir ?

T E M I R E.

Je devois vous eſtre fidelle.

A N G E L I Q U E.

Pour empêcher ma mort , n'oſois-tu me trahir ?
O fidelité trop cruelle !
Le trouble de mon cœur ne peut plus ſe calmer ,
Non , je n'eſpere plus de remede à mes peines.
Merlin dans ces foreſts enchanta deux fontaines ,
Dont l'une fait haïr , & l'autre fait aimer.
C'eſt la fontaine de la haine
Que je veux chercher en ce jour.
Helas ! que me ſert-il de prendre un long détour ?
Je m'égare en ces bois , & ma recherche eſt vaine :
Toûjours un ſort fatal malgré moy me rameine
A la fontaine de l'Amour.

T E M I R E.

Vous devez vous guerir du mal qui vous poſſede ,
N'ayez rien à vous reprocher :
Vous en trouverez le remede ,
Si vous le voulez bien chercher.

A N G E L I Q U E.

Non , je ne cherche plus la fontaine terrible
Qui fait d'un tendre amour une haine inflexible ;
C'eſt un ſecours cruel , je n'y puis recourir.

Je haïrois Medor ! non, il n'eſt pas poſſible.
Par ce remede affreux je ne veux point guerir ;
Je conſens plûtôt à mourir.

TEMIRE chante avec un Suivant & une Suivante
d'ANGELIQUE.

Non, on ne peut trop plaindre
Un cœur qui ſe laiſſe enflammer.
Ah ! quel tourment d'aimer !
Que le feu d'amour eſt à craindre !
Qu'il eſt aiſé de l'allumer !
Qu'il eſt mal-aiſé de l'éteindre !
Non, on ne peut trop plaindre
Un cœur qui ſe laiſſe enflammer.
Ah ! quel tourment d'aimer !

ANGELIQUE.

Quelqu'un vient, c'eſt Roland.

TEMIRE.

Ce Guerrier invincible
Abandonne tout pour vous voir.

ANGELIQUE.

Il ſe flatte d'un vain eſpoir.
Cet anneau, quand je veux, peut me rendre inviſible.

ANGELIQUE met dans ſa bouche un anneau dont
la puiſſance magique la rend inviſible.

❈

D ij

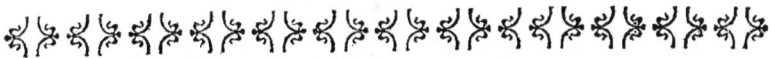

SCENE DEUXIEME.

**ROLAND, ANGELIQUE devenuë invisible,
TEMIRE, Suite d'ANGELIQUE.**

ROLAND.

*B*Elle Angelique, enfin, je vous trouve en ces lieux.
Ciel! quel enchantement vous dérobe à mes yeux?
Angelique, charmante Reyne,
Mes cris font vainement retentir ces forests.
Angelique, ingrate, inhumaine,
Quel plaisir trouvez-vous dans mes tristes regrets?
Angelique, ingrate, inhumaine,
Quel barbare plaisir trouvez-vous dans ma peine?

ROLAND parle à Temire.

Quelle cruauté! quel mépris!
Tu sçais ce que j'ay fait pour elle,
Tu connois mon amour fidelle,
Et tu vois quel en est le prix.
Quelle cruauté! quel mépris!

TEMIRE.

Peut-on vous méprifer sans crime?
La valeur vous a fait un merite éclatant.
Si vous n'aviez jamais voulu que de l'estime,
Quel mortel seroit plus content?

ROLAND.

Que devient ma vertu ? ma force est inutile.
Eh! que me sert-il aujourd'huy
D'avoir les dons du ciel qu'eut autrefois Achille ?
Je laisse mon Roy sans appuy :
Il n'a plus desormais que Paris pour azile ;
Les cruels Afriquains vont triompher de luy.
Je vois le sort affreux de ma triste patrie ;
Elle est prête à tomber sous de barbares loix.
J'entends sa gemissante voix :
Mais c'est vainement qu'elle crie ;
Un malheureux amour m'enchante dans ces bois.

Angelique ; en vain je l'appelle :
Elle est sans pitié la cruelle.
Eh ! pourquoy tant souffrir? pourquoy
N'auray-je pas pitié de moy?

C'en est fait, & je veux que l'ingrate le sçache :
C'en est fait pour jamais, mes liens sont rompus.
Non, je ne la chercheray plus ;
C'est vainement qu'elle se cache :
Non, je ne veux plus voir sa fatale beauté,
Il ne m'en a que trop coûté.

Le dépit esteint ma flamme :
Heureuse la cruauté
Qui rend la paix à mon ame !
Heureuse la cruauté
Qui me rend la liberté !

Malheureux ! je me flatte , & ma colere est vaine,
Lasche ! ne puis-je rompre une honteuse chaine ?
   Que je sens de troubles secrets !
Mon cœur suit malgré moi de funestes attraits :
  Je cede au charme qui m'entraîne.

  Angelique , ingratte , inhumaine ,
Quel plaisir trouvez-vous dans mes tristes regrets ?
  Angelique , ingratte , inhumaine ,
Quel barbare plaisir trouvez-vous dans ma peine ?

ANGELIQUE voyant ROLAND éloigné ôte son anneau
magique de sa bouche, & se montre à TEMIRE.

SCENE TROISIE'ME.

ANGELIQUE , TEMIRE.

TEMIRE.

OU dois-je aller?... je vous revoy.

ANGELIQUE.

Je ne me cache pas pour toy.
TEMIRE.
Roland vous cherche en vain dans ce lieu solitaire.
ANGELIQUE.
Mon cœur est engagé , Roland ne peut me plaire ;
    Quel espoir luy pourois-je offrir?
Je le fuis par pitié , je ne sçaurois mieux faire
    Que de l'aider à se guerir.
Où peut être Medor ? le desespoir le presse.
    Que ne puis-je le retrouver !
    Au moins j'y veux songer sans cesse.
TEMIRE.
Vôtre cœur pour Roland devoit se reserver...
ANGELIQUE.
Parle moy de Medor , ou laisse moy rever.
    C'est l'Amour qui prend soin luy-même
    D'embellir ces aimables lieux :
    Mais je n'y vois pas ce que j'aime ;
    Rien n'y sçauroit plaire à mes yeux.

SCENE QUATRIEME.

MEDOR, ANGELIQUE, TEMIRE.

MEDOR.

Agréables retraites,
L'Amour qui vous a faites,
Vous destine aux amants contents.
Je trouble vos douceurs secretes :
Mais dans mon desespoir mes plaintes indiscretes
Ne vous troubleront pas long-tems.

ANGELIQUE.

C'est Medor que je viens d'entendre !

Ciel !

Temire voulant arrêter Angelique.

Quoy, vous le verrez ?

ANGELIQUE.

Eh ! puis-je m'en deffendre?
C'est trop suivre un cruel devoir.
Je retrouve Medor, l'Amour veut me le rendre ;
Je ne puis vivre sans le voir.

MEDOR.

Fontaine, qui d'une eau si pure
Arrosez ces brillantes fleurs,
En vain, vôtre charmant murmure
Flatte le tourment que j'endure.
Rien ne peut enchanter mes mortelles douleurs.
Ce que j'aime me fuit, & je fuis tout le monde :
Pourquoy traîner plus loin ma vie & mes malheurs?
Ruisseaux, je vais mêler mon sang avec vôtre onde ;
C'est trop peu d'y mêler mes pleurs.

Medor tire son épée pour s'en fraper & Angelique l'arrête.

ANGELIQUE.

ANGELIQUE.

Vivez, Medor.

MEDOR.

Reine adorable,
Vous avez trop de soin des iours d'un Miserable.

ANGELIQUE.

Pourquoy courez-vous au trépas?

MEDOR.

C'est un supplice insupportable
De vivre, & de ne vous voir pas.

ANGELIQUE.

Je croyois que sur vous j'avois plus de puissance.

MEDOR.

Helas! si vous pouviez sçavoir
Jusqu'à quel point je vous offense…

ANGELIQUE.

Rien ne m'offense tant que vôtre desespoir.

MEDOR.

Je vivray si c'est vôtre envie ;
Je vous voy, mon sort est trop doux :
Mais s'il faut m'éloigner de vous,
Je ne répons pas de ma vie.

ANGELIQUE.

Prenez soin de vos jours, Medor, vous le devez ;
Il m'en coûte assez cher de les avoir sauvez :
Ils me sont précieux, je vous l'ay fait connoître.

MEDOR.

Généreuse Reine, achevez,
Sans vous, puis-je vivre ?

ANGELIQUE.

Vivez.
A quel prix que ce puisse être.

E

MEDOR.

O Ciel! qu'entends-je!

ANGELIQUE.

       Il n'eſt plus temps
Que nous craignions tous deux de nous en trop ap-
  prendre :
Nous n'en diſons que trop, Medor, je vous entends,
  Et je vous permets de m'entendre.

MEDOR.

A vos pieds …

ANGELIQUE.

    Levez-vous, j'ay droit de faire un Roy.
Je veux unir ſous même loy
Vôtre deſtinée, & la mienne.

MEDOR.

Ah! plus vous oubliez vôtre grandeur pour moy,
  Plus il faut que je m'en ſouvienne.

ANGELIQUE.

Ma gloire murmure en ce jour,
Je voy mon ſort trop au deſſus du vôtre :
 Mais qui peut empêcher l'Amour,
D'unir deux cœurs qu'il a faits l'un pour l'autre ?

MEDOR.

Témoins du deſeſpoir dont mon cœur fut preſſé,
  Lieux où la mort fut mon unique attente,
  Qui l'auroit dit! qui l'eût jamais penſé
Que vous ſeriez témoins du bonheur qui m'enchante!

SCENE CINQUIÉME.

L'AMOUR, Troupe d'AMOURS, Troupe de SIRENES, Troupe de DIEUX DES EAUX, Troupe de NYMPHES, & de SYLVAINS, Troupe d'AMANTS enchantez, & d'AMANTES enchantées.

CHOEUR DES AMOURS qui font autour de la Fontaine.

Aimez, aimez-vous.

ANGELIQUE, MEDOR, & les CHOEURS.

Aimons, aimons-nous.

CHOEUR des AMOURS.

L'Amour vous appelle;
Que fa flâme eft belle!
L'Amour vous appelle tous:
Aimez, aimez-vous.

ANGELIQUE, MEDOR, & les CHOEURS.

L'Amour nous appelle;
Que fa flâme eft belle!
L'Amour nous appelle tous:
Aimons, aimons-nous.

E ij

ROLAND,

CHOEUR des AMOURS.

Il punit un Cœur rebelle,
On n'évite point ses coups.

ANGELIQUE, MEDOR, & les CHOEURS.

Quel bien est plus doux
Qu'un Amour fidelle?

CHOEUR des AMOURS.

Aimez, aimez-vous.

ANGELIQUE, MEDOR, & les CHOEURS.

Aimons, aimons-nous,
L'Amour nous appelle;
Que sa flâme est belle!
L'Amour nous appelle tous :
Aimons, aimons-nous.

Les AMANTS enchantez, & les AMANTES enchantées
danfent autour de MEDOR, & d'ANGELIQUE.

DEUX AMANTES ENCHANTE'ES.

Qui goûte de ces Eaux ne peut plus se deffendre
De suivre d'amoureuses loix :
Goutons-en, mille & mille fois ;
Quand on prend de l'amour, on n'en sçauroit trop
prendre.

LE PETIT CHOEUR.

Que pour jamais un nœud charmant nous lie.

LE GRAND CHOEUR.

Tendres Amours,
Enchantez-nous toûjours :
Triste Raison, nous fuyons ton secours.

LE PETIT CHOEUR.

O douce vie ;
Digne d'envie !

LE GRAND CHOEUR.

O Jours heureux ; que l'on vous trouve courts !

LE PETIT CHOEUR.

Sans rien aimer, comment peut-on vivre ?

LE GRAND CHOEUR.

Que de Plaisirs, que de Jeux vont nous suivre !

LE PETIT CHOEUR.

Tendres Amours,
Enchantez-nous toûjours :
Fermons nos Cœurs à des flâmes nouvelles.

LE GRAND CHOEUR.

Gardons-nous bien d'éteindre un feu si beau.

LE PETIT CHOEUR.

Vivons heureux dans des chaînes si belles.

LE GRAND CHOEUR.

Portons nos fers jusques dans le Tombeau.

ROLAND,

LE PETIT CHOEUR.

O Douce vie,
Digne d'envie!

LE GRARD CHOEUR.

Tendres Amours,
Enchantez-nous toûjours.

Les AMANTS enchantez, & les AMANTES enchantées,
accompagnent en dansant MEDOR, & ANGELIQUE;
l'AMOUR, & les AMOURS volent, & leur ser-
vent de guides.

FIN DU SECOND ACTE.

ACTE TROISIÉME.

Le Théatre change, & repréfente
un Port de Mer.

SCENE PRÉMIERE.
MEDOR, TEMIRE.

MEDOR.

On, je n'entends vos conſeils qu'avec
    peine ;
Pour nuire à mon Amour, vous avez
    tout tenté.

TEMIRE.

Vos jours ſont en peril, ils ſont chers
    à la Reine,
Ne doutez point de ma fidelité.
Roland eſt dans ces lieux, c'eſt un Rival terrible,
    Et vôtre perte eſt infaillible,
Si vous vous expoſez à ſon fatal couroux.

MEDOR.

Un Malheureux doit voir le trépas ſans allarmes.

TEMIRE.

Vôtre bonheur fera mille jaloux.
Une fiere Beauté vous a rendu les armes ;
Vos deux cœurs font unis, par les nœuds les plus doux.
Ah ! si la vie est fans appas pour vous,
Pour qui peut-elle avoir des charmes?

Regardez le glorieux fort
Que la Reine avec vous partage.
Ses plus Zelez Sujets l'attendoient dans ce Port ;
Avant que d'en partir, son ordre les engage
A vous rendre un pompeux hommage.
Comme leur Souverain, ils vont vous recevoir....

MEDOR.

La Reine m'a quitté, Roland est avec elle.

TEMIRE.

Il la verra fiere, & cruelle.

MEDOR.

N'importe, c'est toûjours la voir,
Mon inquietude est mortelle :
Eh ! ne craint-elle point Roland au desespoir!

TEMIRE.

Elle le craint pour vous, c'est son unique envie
De mettre en l'éloignant, vos jours en sureté.

MEDOR.

S'il faut que ma felicité
Par mon Rival me soit ravie,
C'est une cruauté
D'avoir soin de ma vie.

TEMIRE.

TEMIRE.

De ces sombres chagrins il faut vous délivrer.

MEDOR.

Je n'osois pas esperer
Le bien que l'Amour me donne;
Un si grand bonheur m'étonne;
Et j'ay peine à m'assûrer
Qu'il puisse long-temps durer.

TEMIRE.

Retirons-nous, Roland s'avance.
S'il a de vôtre amour la moindre connoissance,
Rien ne vous pourra secourir.

MEDOR.

Je le veux observer, en dussai-je perir.

MEDOR se tient à l'écart, & écoute ROLAND
& ANGELIQUE.

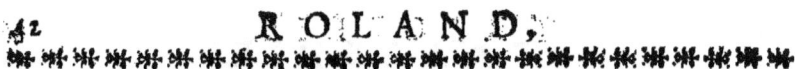

SCENE DEUXIÉME.

ROLAND, ANGELIQUE.

ROLAND.

*F*Aut-il encor que je vous aime ?
  Je dois rougir de ma foiblesse extréme ;
    Ingrate, vous en abusez :
    Plus je vous sers, plus vous me méprisez :
Quelle honte à mon cœur d'estre encor si fidele !
    Pourquoy vous trouvai-je si foible ? Belle ?
Non, avec tant d'attraits si charmants & si doux
    Vous ne meritez pas, Cruelle,
    L'amour que j'ay pour vous.

ANGELIQUE.

  Je n'ay point perdu la mémoire
    De ce que je vous doy :
Vous seriez délivré du trouble où je vous voy,
    Si vous aviez voulu me croire.
    Vous le sçavez, c'est malgré moy
Qu'un si grand Cœur s'obstine à languir sous ma loy,
J'ay fait ce que j'ay pû, pour le rendre à la Gloire.

ROLAND.

Ah ! je ne sçay que trop avec quelle rigueur
    Vous punissez mon lâche cœur ;
Vôtre mépris éclate, il n'est plus temps de feindre,
    Tous les déguisements sont vains.
Je pardonne au mépris du reste des Humains,
Je l'ay bien merité, j'aurois tort de m'en plaindre.

J'abandonne ma gloire, & *la laisse ternir,
 je cheris le trait qui me blesse,
De mon égarement je ne puis revenir ;
  Mais vous causez ma foiblesse :
  Est-ce à vous de m'en punir ?
Helas!

     ANGELIQUE.
    ROLAND.

  Dans ce soûpir, quelle part puis-je prendre ?
   Peut-être un soûpir si tendre
  S'adresse à quelqu'autre Amant :
  Me le faites-vous entendre,
   Pour'redoubler mon tourment ?
  Inhumaine ! ah ! s'il est possible
Qu'au mépris d'un amour qui n'eût jamais d'égal,
Pour un autre que moy vous deveniez sensible,
  Tremblez pour mon heureux Rival.
Dans vos yeux inquiets je lis mon infortune ;
  Ma présence vous importune,
  Vous ne songez qu'à me quitter.

     ANGELIQUE.

Si je voulois vous fuir, qui pourroit m'arrester ?
  Je vous ay déja fait connoître
  Qu'il m'est aisé de disparoître
Aux regards importuns que je veux éviter.

    ROLAND.

Ah ! du moins, laissez-moy le seul bien qui me reste ;
  Laissez-moy la douceur funeste
  De voir de si charmants appas.
Vous ne serez jamais à mes vœux favorable,
  Je vous verray toûjours impitoyable :
Mais le plus grand des maux est de ne vous voir pas.

ROLAND.

ANGELIQUE.

Que ne puis-je fuir encore?

ROLAND.

Pourquoy craindre qui vous adore?

ANGELIQUE.

Helas, pourquoy m'aimez-vous tant?
Un Heros indomptable
N'est que trop redoutable
Avec un amour si constant.

ROLAND.

Ciel! ô Ciel! c'est pour moy qu'Angelique soûpire!

ANGELIQUE.

Vous me contraignez d'en trop dire.

ROLAND.

Vous m'aimez!

ANGELIQUE.

Je ne puis l'avoüer qu'à regret.
Vôtre constance est triomphante,
N'en faites point un éclat indiscret;
Epargnez ma fierté mourante,
Contentez-vous d'un triomphe secret.

ROLAND.

En des lieux écartez, dans une paix profonde,
Allons joüir du sort qui va combler nos vœux:
Que deux cœurs unis sont heureux,
D'oublier le reste du Monde!

ANGELIQUE.

Laissez-moy renvoyer des Peuples empressez
Dont nous serions embaraffez;
Attendez-moy plus loin, j'iray par tout vous suivre,
C'est pour vous seul que je veux vivre.

SCENE TROISIE'ME.

ANGELIQUE, MEDOR, TEMIRE.

MEDOR.

AH ! je souffre un tourment plus cruel que la mort !

TEMIRE.

Où voulez-vous aller, que pouvez-vous prétendre ?

ANGELIQUE.

Laiße - moy calmer son transport,
Voy, si Roland ne peut point nous entendre.

TEMIRE va du côté où ROLAND a passé.

SCENE QUATRIÉME.

ANGELIQUE, MEDOR.

MEDOR.

SE peut-il qu'à ses vœux vous ayez répondu ?

ANGELIQUE.

Voulez-vous m'offenser, quãd vous devez me plaindre ?
Pour éblouïr Roland je suis réduite à feindre,
Il le faut éloigner, ou vous êtes perdu.

MEDOR.

Vous le suivrez ? non, non, que plûtôt je périsse !

ANGELIQUE.

Helas ! tout le pouvoir humain
Contre luy s'armeroit envain ;
Ne nous armons que d'artifice.

Medor, je tremble pour vos jours,
Ils sont dans un péril extrême :
A quoy n'a t'on pas recours,
Pour sauver ce que l'on aime ?

MEDOR.

Roland va m'ôter
L'Objet que j'adore,
Qu'ai-je à redouter
Que de vivre encore ?

ANGELIQUE.

C'eſt à vous que mon cœur pour jamais s'eſt donné ;
Je ne rendray Roland que trop infortuné ;
L'Amour luy vendra cher une vaine eſperance.
Je puis par cet Anneau diſparoître à ſes yeux ;
Bien-tôt vous me verreZ ; bien-tôt loin de ces lieux,
Nos fidelles amours feront en aſſûrance.
Je veux mettre en vos mains ma ſuprême puiſſance.

ENSEMBLE.

Je ne veux que vôtre cœur,
C'eſt l'unique Empire
Pour qui je ſoûpire,
Je ne veux que vôtre cœur,
C'eſt aſſez pour mon bonheur.

MEDOR.

Vous me quittez, & je demeure
Troublé du chagrin le plus noir :
Ma vie eſt attachée au plaiſir de vous voir ;
Ne vaut-il pas mieux que je meure
Par la main de Roland, que par mon deſeſpoir ?

ANGELIQUE.

Vivez pour moy, qu'il vous ſouvienne
Que vôtre deſtinée eſt unie à la mienne,
Ma mort ſuivroit vôtre trépas ;
Evitons un deſtin tragique ;
Medor ne veut-il-pas
Vivre pour Angelique ?

MEDOR.

Si je ne vivois pas pour vous,
Je ne pourrois souffrir la vie.

ANGELIQUE.

Vivons, l'Amour nous y convie,
Réservons-nous
Pour nous aimer, malgré l'Envie ;
Réservons-nous
Pour vivre heureux, loin des Jaloux.
Je ne pourrois souffrir la vie,
Si je ne vivois pas pour vous.

MEDOR.

Vivons, l'Amour nous y convie,
Réservons-nous
Pour un amour si doux.

ANGELIQUE & MEDOR, repetent ensemble ces trois derniers Vers.

SCENE CINQUIÉME.

Troupe de Peuples de Catay, Sujets d'ANGELIQUE.

ANGELIQUE, MEDOR.

ANGELIQUE, à ses Sujets.

Vous qui voulez faire paraître
Le zele ardent que vous avez pour moy,
Reconnoissez Medor pour vôtre Maître,
Rendez hommage à vôtre Roy.

ANGELIQUE va retrouver ROLAND pour l'éloigner du Port où elle
veut s'embarquer avec MEDOR.

SCENE IV.

SCENE SIXIÉME.

Les Peuples de Catay, Sujets d'ANGELIQUE
rendent hommage à MEDOR ; ils l'élevent fur
un Thrône, & témoignent par leurs chants
& par leurs danſes la joye qu'ils ont de le recon-
noître pour leur Souverain.

LE CHOEUR.

C'Eſt Medor qu'une Reyne ſi belle
A choiſi pour regner avec elle.
Eſt-il un Mortel aujourd'huy
Plus heureux que luy ?

UN DES SUJETS D'ANGELIQUE.

Malgré l'orgüeil du grand nom de Reine,
Elle ſe rend, & l'Amour l'enchaîne ;
De mille & mille Amants ſon Cœur s'étoit ſauvé ;
Pour l'aimable Medor il étoit reſervé.

UNE DES SUIVANTES D'ANGELIQUE.

Trop heureux un Amant qui s'exempte
Des chagrins d'une ennuyeuſe attente !
Que l'Amour pour Medor a fait d'aimables nœuds !
A peine eſt-il Amant qu'il eſt Amant heureux.

G

ROLAND,

LE CHOEUR.

Ses Rivaux n'ont plus rien à prétendre
Que de plaintes se vont faire entendre !
Au premier bruit d'un choix si doux
Que de Rois seront jaloux !
Nous venons tous
Vous presenter nôtre hommage ;
Regner sur nous
Est vôtre moindre avantage.
L'Amour donne un bonheur qui vaut mieux mille fois
Que la pompe qui suit les plus superbes Rois.

UN DES SUJETS D'ANGELIQUE.

Angelique n'est plus insensible,
Sa fierté se croyoit invincible,
Elle fuyoit l'Amour & le fuiroit encor
Sans le charme puissant des regards de Medor.

LE CHOEUR.

Heureux Medor ! quelle gloire
D'avoir remporté
Une entiere Victoire
Sur tant de fierté !
Quel bonheur est plus rare !
Que vos feux sont beaux !
Que l'Amour vous prepare
De plaisirs nouveaux !
C'est pour vous que sont faits
Les plus doux de ses traits.

UNE DES SUIVANTES D'ANGELIQUE.
Un cœur si fier est à son tour
Sensible & tendre :
Medor l'obtient quand son amour
N'osoit l'attendre.
Mais un bonheur qu'on n'attend pas
N'en a que plus d'appas.

LE CHOEUR.
Vous portez une riche Couronne
Un Objet plein d'attraits vous la donne.

UN DES SUJETS D'ANGELIQUE.
Qu'il est doux d'accorder l'Amour & la Grandeur !
Quand on peut les unir, c'est un parfait bonheur.

UNE DES SUIVANTES D'ANGELIQUE.
Tendres Cœurs, puissiez-vous aimer tranquillement :
Il n'est point de sort plus charmant.

LE CHOEUR.
Que l'Amour en tous lieux vous enchante.
Qu'à jamais vôtre ardeur soit constante.
Oubliez vos grandeurs plûtôt que vos amours,
Vôtre bonheur dépend de vous aimer toûjours.

LE CHOEUR.
Aimez, regnez, en dépit de l'Envie,
Goûtez les biens les plus doux de la vie ;
La Fortune & l'Amour, la Gloire & les Plaisirs,
Puissent-ils à jamais combler tous vos desirs.

Dans la paix , dans la guerre ,
Dans tous les Climats ,
Jusqu'au bout de la Terre ,
Nous suivrons vos pas.
Puiße l'heureux Medor être un des plus grands Rois.
Puiße-t'il rendre heureux ceux qui suivront ses loix.

FIN DU TROISIE'ME ACTE.

ACTE QUATRIÉME.

Le Téatre change, & repréſente une Grotte au milieu d'un Boccage.

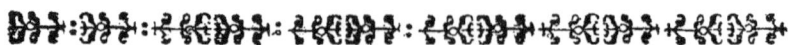

SCENE PRÉMIERE.

ROLAND, ASTOLFE.

ROLAND,

A, ton ſoin m'importune, Aſtolphe, laiſſe-moy.

ASTOLFE.

Quel charme vous retient dans ce lieu ſolitaire?

ROLAND,

Amy, je n'ay point pour toy
De ſecret, ny de myſtere.

Angelique ne me fuit plus.
J'étois content de voir sa rigueur adoucie,
Quand nous avons trouvé le Roy de Circassie,
Et le superbe Ferragus.
Tous deux jaloux de mon bonheur extrême,
M'ont abordé les armes à la main :
J'allois les en punir ; mais la Beauté que j'aime,
Par son Anneau magique a disparu soudain.
Mes Rivaux l'ont suivie envain.
Elle avoit eû soin de m'apprendre
Le chemin qu'elle vouloit prendre.
Nous nous sommes promis d'être à la fin du jour
A la Fontaine de l'Amour ;
Je suis venu trop-tôt m'y rendre :
Je vais au devant d'elle, ennuyé de l'attendre,
Je parcours les lieux d'alentour.

L'Objet qui m'enchante
Ne m'a jamais tant charmé :
Que l'Amour s'augmente,
Par le plaisir d'être aimé !

ASTOLFE.

Cet Empire en vous seul a mis son esperence :
Si vous ne prenez sa deffense,
Il tombera dans peu de temps
Sous une barbare Puissance ;
Songez que vous perdez de precieux instants.

ROLAND.

Je songe au bonheur que j'attens.

ASTOLFE.

Venez couronner vôtre Tête
Du Laurier immortel qui vous eſt preſenté.

ROLAND.

Je voy l'Amour qui s'apreſte
A combler ma felicité ;
Je vais joüir de la conqueſte
D'un cœur qui m'a tant coûté.

ASTOLFE.

Le grand cœur de Roland n'eſt fait que pour la Gloire,
Peut-il languir dans un honteux repos ?
Triomphez de l'Amour, il n'eſt point de Victoire
Qui montre mieux la vertu d'un Heros.

ROLAND.

Lorſque des rigueurs inhumaines
Ont payé mon amour d'un ſi cruel tourment ,
Je n'ay pû ſortir de mes chaînes :
Puis-je me dégager d'un lien ſi charmant,
Quand je touche à l'heureux moment
Où je doy recevoir le prix de tant de peines?

Va, laiſſe-moy ſeul dans ces lieux,
Angelique pour moy ſenſible,
Veut pour tout autre être inviſible ;
Va, ne l'empêche point de paroître à mes yeux.

ASTOLFE ſe retire & ROLAND cherche ANGELIQUE.

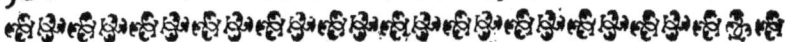

SCENE DEUXIÉME.
ROLAND.

AH ! j'attendray long-temps ! la nuit est loin
    encore.
    Quoy ! le Soleil veut-il luire toûjours ?
Jaloux de mon bonheur, il prolonge son cours,
    Pour retarder la Beauté que j'adore.

O Nuit, favorisez mes desirs amoureux,
Pressez l'Astre du Jour de descendre dans l'Onde ;
Dépliez dans les airs vos voiles tenebreux :
Je ne troubleray plus par mes cris douloureux,
    Vôtre tranquillité profonde :
    Le charmant Objet de mes vœux
    N'attend que vous, pour rendre heureux
    Le plus fidele Amant du Monde ;
O Nuit, favorisez mes desirs amoureux.

Que ces Gazons sont verts, que cette Grotte est belle!

ROLAND lit tout bas des Vers écrits sur la Grotte.

Ce que je lis m'aprend que l'Amour a conduit
    Dans ce Boccage, loin du bruit,
Deux Amants qui brûloient d'une ardeur mutuelle.
J'espere qu'avec moy l'Amour bien-tôt icy
    Conduira la Beauté que j'aime.
    Enchantez d'un bonheur extrême,
Sur ces Grottes bien-tôt nous écrirons aussi.
            ROLAND.

ROLAND répete tout haut ce qu'il a lû tout bas.

> Beau Lieu, doux Azile
> De nos heureuses amours,
> Puissiez-vous estre toûjours,
> Charmant, & tranquille.

Voyons tout... qu'est-ce que je voy!
Ces mots semblent tracez de la main d'Angelique...
ROLAND lit tout bas deux vers qu'ANGELIQUE a écrit.

> Ciel! c'est pour un autre que moy
> Que son amour s'explique.

ROLAND repete tout haut ce qu'il a lû tout bas.

> Angelique engage son cœur?
> Medor en est vainqueur!

Elle m'auroit flaté d'une vaine esperance,
L'Ingrate!... N'est-ce point un soupçon qui l'offense?
Medor en est vainqueur! non, je n'ay point encor
> Entendu parler de Medor.
Mon amour auroit lieu de prendre des allarmes,
> Si je trouvois icy le nom
> De l'intrepide Fils d'Aymon,
Ou d'un autre Guerrier célébre par les armes.

> Angelique n'a pas osé
Avoüer de son cœur le veritable Maître,
> Et je puis aisément connaître,
Qu'elle parle de moy sous un nom supposé.
> C'est pour moy seul qu'elle soûpire,
Elle me la trop dit, & j'en suis trop certain.
Lisons ces autres mots, ils sont d'une autre main.

H

R O L A N D lit deux vers que M E D O R a écrits.

Qu'ay-je lû !... Ciel !.... Il faut relire....

R O L A N D repete tout haut ce qu'il a lû tout bas.

Que Medor est heureux !
Angelique a comblé ses vœux.
Ce Medor, quel qu'il soit se donne icy la gloire
D'estre l'heureux vainqueur d'un Objet si charmant.
Angelique a comblé les vœux d'un autre Amant !
Elle a pû me trahir !... Non, je ne le puis croire.
Non, non quelqu'Envieux a voulu par ces mots
Noircir l'Objet que j'aime, & troubler mon repos.

On entend un bruit de Musettes, & R O L A N D continuë,

J'entends un bruit de Musique Champêtre.
Il faut chercher Angelique en ces lieux.
Au premier regard de ses yeux,
Mes noirs soupçons vont disparaître.
Elle s'arrestera, peut-estre,
A voir danser au son des Chalumeaux
Les Bergers des prochains Hameaux.

Une Troupe de Bergers & de Bergeres prend part à la joye de C O R I D O N, & de B E L I S E qui doivent être mariez le lendemain, & s'approche de le Grotte en dansant & en chantant. R O L A N D n'appercevant point A N G E L I Q U E, va la chercher dans les lieux d'alentour.

SCENE TROISIEME.
CORIDON, BELISE,
Troupe de Bergers, & de Bergeres.

CHOEUR.

Quand on vient dans ce Boccage,
Peut-on s'empêcher d'aimer ?
Que l'Amour sous cet ombrage
Sçait bien-tôt nous désarmer !
Sans effort il nous engage,
Dans les nœuds qu'il veut former.
Quand on vient dans ce Boccage,
Peut-on s'empêcher d'aimer ?
Que d'Oiseaux sur ce feüillage !
Que leur chant nous doit charmer.
Nuit & jour par leur ramage
Leur amour veut s'exprimer.
Quand on vient dans ce Boccage,
Peut-on s'empêcher d'aimer ?

UN BERGER, ET UNE BERGERE.

Vivez en paix,
Amants, soyez fidelles,
Aimez-vous à jamais :
Vos ardeurs mutuelles
Combleront vos soûhaits ;
C'est un bonheur extrême
D'obtenir ce qu'on aime,
Sans languir trop long-temps.

Soyez constants,
Aimez toûjours de même
Vivez toûjours contents.
Que les amours sont belles,
Quand elles sont nouvelles !
Quel bien a plus d'attraits !
Vivez en paix,
Amants, soyez fidelles,
Aimez-vous à jamais.

DIALOGUE.

CORIDON.

J'aimeray toûjours ma Bergere.

BELISE.

J'aimeray toûjours mon Berger.

CORIDON.

Mon amour est sincere,
J'aimeray toûjours ma Bergere.

BELISE.

Mon cœur ne peut changer,
J'aimeray toûjours mon Berger.

ENSEMBLE.

Mon amour est sincere,
Mon cœur ne peut changer.

CORIDON.

J'aimeray toûjours ma Bergere.

BELISE.

J'aimeray toûjours mon Berger.

SCENE QUATRIÉME.

ROLAND, CORIDON, BELISE.

Troupe de Bergers, & de Bergeres.

ROLAND n'ayant point trouvé ANGELIQUE, revient
pour en demander des nouvelles aux Bergers.

CORIDON.

ANgelique eſt Reine, elle eſt belle,
Mais ſes grandeurs, ni ſes appas,
Ne me rendroient point infidelle,
Je ne quitterois pas
Ma Bergere pour elle.

BELISE.

Quand des riches Pays arroſez, de la Seine
Le charmant Medor ſeroit Roy,
Quand il pourroit quitter Angelique pour moy,
Et me faire une grande Reine,
Non, je ne voudrois pas encor
Quitter mon Berger pour Medor.

ROLAND.

Que dites-vous icy de Medor, d'Angelique?

CORIDON.

Ce ſont d'heureux Amants, dont l'hiſtoire eſt publique
Dans tous les Hameaux d'alentour.

BELISE.

Ils ont avec regret quitté ce beau ſéjour ;
Ces Arbres, ces Rochers, cette Grotte ruſtique,
Tout parle icy de leur amour.

ROLAND,

ROLAND.

Ah! je succombe au tourment que j'endure.

CORIDON.

Reposez-vous sur ce lit de verdure.

BELISE.

Vous paroissez chagrin ; écoûtez à loisir
De ces heureux Amants l'agreable Avanture,
Vous l'entendrez avec plaisir.

ROLAND accablé de douleur s'assied sur un Gazon,
& écoûte avec inquietude ce que CORIDON
& BELISE luy racontent.

CORIDON.

En des lieux où Medor mouroit sans assistance,
Angelique adressa ses pas,
Elle sçût se servir d'un Art dont la puissance
Garentit Medor du trépas.

BELISE.

D'un grand Empire Angelique est Maîtresse,
Elle est charmante, elle avoit à son choix
Cent des plus riches Rois.
Medor est sans biens, sans noblesse ;
Mais Medor est si beau qu'elle l'a préferé
A cent Rois qui pour elle ont envain soûpiré.

CORIDON.

On ne peut s'aimer davantage,
Jamais bonheur ne fut plus doux !

BELISE.

Ils se sont donné devant nous
La foy de Mariage.

CORIDON.

Quand le festin fût prest, il fallût les chercher.

BELISE.

Ils estoient enchantez, dans ces belles Retraites.

CORIDON.

On eut peine à les arracher
De l'endroit charmant où vous estes.

ROLAND se levant avec précipitation.

Où suis-je? juste Ciel ! où suis-je, Malheureux !

BELISE.

Demeurez, & voyez nos danses & nos jeux.

CORIDON.

On m'a promis cette belle Bergere;
Honnorez nôtre Nôce, on la fera demain.

ROLAND.

Où sont-ils ces Amants ?

BELISE.

      Ils ont prié mon Pere
De les conduire au Port le plus prochain.
Le voicy. Demeurez, si vous me voulez croire,
Vous apprendrez de luy le reste de l'histoire.

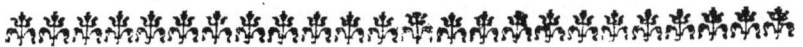

SCENE CINQUIEME.

TERSANDRE, ROLAND, CORIDON, BELISE, & LE CHŒUR.

TERSANDRE.

Allez, laissez-nous, Soins fâcheux,
Eloignez-vous de nos paisibles jeux.
Nous possedons un bien inestimable
Qui comblera nos vœux ;
Laissez couler nos jours heureux
Dans un loisir doux & durable.
Allez, laissez-nous, Soins fâcheux,
Eloignez-vous de nos paisibles jeux.

CORIDON, BELISE, ET LE CHŒUR.

Allez, laissez-nous, Soins fâcheux,
Eloignez-vous de nos paisibles jeux.

TERSANDRE.

J'ay vû partir du Port cette Reine si belle...

ROLAND.

Angelique est partie ?

TERSANDRE.

                 Et Medor avec elle.
Elle en fait un grand Roy, c'est son unique soin.

ROLAND.

Ils sont partis ensemble ?

TERSANDRE.

                 Ils sont déja bien loin.

Dans

Dans les Climats les plus heureux du Monde
 Ils vont en paix goûter mille plaisirs :
 Jusqu'au vent qui regne sur l'Onde,
 Tout favorise leurs desirs.

ROLAND, à part.

Ils se sont dérobez tous deux à ma vengeance !

TERSANDRE parle à CORIDON, & à BELISE.

Angelique a voulu passer nôtre esperance.
Voyez ce Brasselet

ROLAND, regardant le Brasselet.

Que vois-je ? Infortuné !
J'ay fait mettre en ses mains ce prix de mon courage;
De mon fidelle amour, c'est un précieux gage.

TERSANDRE.

Pour le prix de nos soins elle nous l'a donné.

ROLAND.

Ciel !

CORIDON, & BELISE.

O Ciel !

TERSANDRE.

J'ay reçû ce Don de sa main même :
Nous fûmes les témoins de son bonheur extrême,
 Elle a voulu nous rendre heureux.

ROLAND.

Ciel ! puis-je être accablé par un coup plus affreux.

TERSANDRE.

Mais quel est ce Guerrier ? aisément on devine
 Qu'il sort d'une illustre origine.

I

ROLAND,

CORIDON.

Nous l'avons trouvé dans ces lieux.

BELISE.

Le trouble de son cœur se montre dans ses yeux!

CORIDON.

Il s'agitte!

BELISE.

Il menace!

CORIDON.

Il pâlit!

BELISE.

Il soûpire!

TERSANDRE.

Son cœur souffre peut-être un amoureux martire,
Je suis touché de ses douleurs.

BELISE.

Quels terribles regards!

ROLAND.

La Perfide!

TERSANDRE.

Il marmure!

CORIDON.

Il fremit!

BELISE.

Il répand des pleurs!

ROLAND.

Tant de serments! ah la Parjure!

TERSANDRE.

Ne l'abandonnons pas dans un chagrin si noir.

ROLAND.

Elle rit de mon desespoir!
Je l'aimois d'une amour si tendre, si fidelle.

TERSANDRE.

Ses regards sont plus doux.

CORIDON.

Il est moins agité.

ROLAND.

J'ay crû vivre heureux avec elle.
Helas! quelle felicité!

TERSANDRE.

Non, je n'en doute point, c'est l'amour qui le blesse.

BELISE

L'amour peut-il causer cette sombre tristesse?
On a vû des Amants si contents dans ces Bois.

TERSANDRE,

Qui suit les amoureuses loix,
S'expose à des maux redoutables.
Pour deux Amants heureux qu'Amour fait quel-
    quefois,
Il en fait tous les jours plus de cent miserables.

CORIDON.

Son trouble est apaisé.

TERSANDRE.

J'espere qu'à la fin
Nous pourrons adoucir son funeste chagrin.

I ij

Beniſſons l'amour d'Angelique,
Beniſſons l'amour de Medor.
Dans le riche séjour d'une Cour magnifique.
Puiſſent-ils ſur un Trône d'or
S'aimer comme ils s'aimoient dans ce séjour ruſtique.

CORIDON, BELISE, & LE CHOEUR.

Beniſſons l'amour d'Angelique,
Beniſſons l'amour de Medor.

ROLAND.

Taiſez-vous, Malheureux, oſerez-vous ſans ceſſe,
Percer mon triſte cœur des plus horibles coups ?
Malheureux, taiſez-vous.
Rendez grace à vôtre baſſeſſe,
Qui vous dérobe à mon courroux.

TERSANDRE, CORIDON, ANGELIQUE,
& LE CHOEUR.

Ah ! fuyons, fuyons tous.

SCENE SEPTIÉME.

ROLAND.

JE suis trahi ! qui l'auroit pû croire !
O Ciel ! je suis trahi par l'ingrate Beauté,
	Pour qui l'amour m'a fait trahir ma gloire.
	O doux espoir dont j'étois enchanté,
Dans quel abîme affreux m'as-tu précipité !

		Témoins d'une odieuse flâme,
		Vous avez trop blessé mes yeux.
		Que tout ressente dans ces lieux
		L'horreur qui regne dans mon ame.

ROLAND brise les Inscriptions & arrache des bran-
	ches d'Arbres, & des morceaux des Rochers.

Ah ! je suis descendu dans la nuit du Tombeau !
	Faut-il encor que l'Amour me poursuive ?
		Ce fer n'est plus qu'un vain fardeau
			Pour un Ombre plaintive.

ROLAND jette ses armes, & se met dans un grand
			desordre.
Quel Gouffre s'est ouvert ! qu'est-ce que j'apperçoy !
		Quelle voix funebre s'écrie !
		Les Enfers arment contre moy
		Une impitoyable Furie.

ROLAND croit voir une FURIE : il luy parle, &
s'imagine qu'elle luy répond.

Barbare ! ah ! tu me rends au jour ?
Que prétends-tu ? parle... ô ſuplice horrible !
Je doy montrer un exemple terrible
Des tourments d'un funeſte amour.

FIN DU QUATRIE'ME ACTE.

ACTE CINQUIÉME.

Le Théatre change, & repréfente le
Palais de la Sage Fe'e Logistille.

SCENE PRÉMIERE.

ASTOLFE, LOGISTILLE.

ASTOLFE.

Age & divine Fée, à qui tout eft
  poffible,
      Vous dont le généreux fecours
Pour les Infortunez fe déclare toûjours
Au malheur de Roland ferez-vous
  infenfible ?
Ce Heros que l'Amour a rendu furieux,
    Traîne une déplorable vie :
    Son fort qui fût fi glorieux
Fait autant de pitié qu'il avoit fait d'envie.

LOGISTILLE.

Vos juftes vœux font prévenus ;
Déja par des chemins aux Mortels inconnus,
J'ay fait paffer Roland dans cet heureux Azile.
Le charme d'un fommeil tranquile
Sufpend le mal de ce Heros ;
Mais il eft difficile
De luy rendre un parfait repos.

ASTOLFE.

Je fçay vôtre pouvoir, il faut que tout luy cede.
Vôtre foin m'a fauvé de cent perils affreux.
N'offriez-vous qu'un vain remede,
Au trouble fatal qui poffede
Le plus grand des Heros, & le plus malheureux ?

LOGISTILLE.

Je puis des Elements interrompre la guerre,
Ma voix fait trembler les Enfers.
J'impofe filence au Tonnerre,
Et j'éteins le feu des Eclairs.
Mais je calme avec moins de peine
Les Vents échapez de leur chaîne,
Et j'appaiffe plûtôt l'Occean irrité
Qu'un cœur par l'amour agité.

ASTOLFE.

J'attens tout pour Roland de vos foins falutaires.

LOGISTILLE.

Nos efforts vont fe redoubler :
Allez, éloignez-vous de nos fecrets myfteres,
Vos regards pourroient les troubler.

SCENE

SCENE DEUXIÉME

LOGISTILLE, ROLAND endormy,
Troupe de FE'Es.

LOGISTILLE.

Par le secours d'une douce harmonie,
Calmons ce grand Cœur pour jamais.
Rendons-luy sa premiere paix ;
Puisse-t'elle chasser l'amour qui la bannie.
Heureux qui se défend toûjours
Du charme fatal des Amours.

LE CHŒUR DES FE'ES.

Heureux qui se défend toûjours
Du charme fatal des Amours.

Les FE'Es dansent autour de ROLAND, & font
des Ceremon ies mistericuses, pour luy rendre
la raison.

LOGISTILLE.

Rendez à ce Heros vôtre clarté celeste,
Divine Raison, revenez ;
Qu'un Cœur est malheureux quand vous l'abandonnez
Dans un égarement funeste !

LOGISTILLE, & le Chœur des Fées.
Heureux qui se défend toûjours
Du charme fatal des Amours.

K

Les Fe'es continuent leurs danſes autour de Roland;
   & Logistille évoque les Ombres des anciens
   Heros, pour l'aider à faire ſortir Roland de ſon
   égarement.

LOGISTILLE.

O vous dont le nom plein de gloire
Dans la Nuit du Trépas n'eſt point enſevely,
Vous dont la célébre mémoire
Triomphe pour jamais du Temps & de l'Oubly,
Venez, Heroïques Ombres,
Venez ſeconder nos efforts:
Sortez des Retraites ſombres
Du profond Empire des Morts.

Les Ombres des anciens Heros paroiſſent.

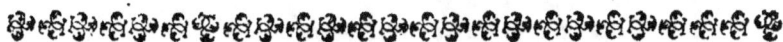

SCENE TROISIEME.

LOGISTILLE, Troupe de Fe'es, Troupe
   d'Ombres de Heros.

LOGISTILLE.

ROland, courez aux armes.
   Que la Gloire a de charmes!
L'amour de ſes divins appas
Fait vivre au delà du Trépas.

Logistille & le Chœur des Ombres des Heros.
   Roland, courez aux armes.
   Que la Gloire a de charmes!

A la voix des Heros, Roland ſort de ſon ſommeil,
   & recommence à ſe ſervir de ſa raiſon.

ROLAND.

Quel secours vient me dégager ?
De ma fatale flâme
Ciel ! Sans horreur puis-je songer
Au desordre où l'Amour avoit reduit mon ame !
Errant, Insensé, Furieux,
J'ay fait de ma foiblesse un spectacle odieux ;
Quel reproche à jamais ne doy-je point me faire ?
Malheureux ! la Raison m'éclaire,
Pour offrir ma honte à mes yeux !
Que survivre à ma gloire est un supplice extréme
Infortuné Roland, cherche un Antre écarté,
Va, s'il se peut, te cacher à toy-même
Dans l'éternelle obscurité.

LOGISTILLE arrêtant ROLAND.

Moderez la tristesse
Qui saisit vôtre cœur :
Quel Heros, quel Vainqueur
Est exempt de foiblesse ?

Le Chœur des Ombres des Heros.

Sortez pour jamais en ce jour
Des liens honteux de l'Amour.

LOGISTILLE.

Allez, suivez la gloire.

ROLAND.

Allons courons, aux armes.
Que la Gloire a de charmes !

Le Chœur des FE'ES & le Chœur des Ombres des Heros.

Roland , courez aux armes.
Que la Gloire a de charmes !

Les Fées, & les Ombres des Heros , témoignent par des danses , la joye qu'elles ont de la guerison de ROLAND : la Gloire suivie de la Renommée & précedée de la Terreur vient presser ROLAND d'aller délivrer son Pays.

SCENE IVme. ET DERNIERE.

LA GLOIRE, LA RENOMME'E,
LA TERREUR,
Suite de la GLOIRE,
ROLAND, LOGISTILLE,
Troupe de FE'ES,
Troupe D'OMBRES de HEROS.

LA GLOIRE.

ROland, il faut armer vôtre invincible bras.
La Terreur se prépare à devancer vos pas :
Sauvez vôtre Païs d'une guerre cruelle,
Ne suivez plus l'Amour, c'est un guide infidelle ;
Non, n'oubliez jamais
Les maux que l'Amour vous a faits.

ROLAND reprend ses armes que les Fées & les Heros luy presentent ; il témoigne l'impatience qu'il a de partir pour obeïr à la GLOIRE ; & la TERREUR vole devant luy. Les Fées & les Heros dansent pour témoigner leur joye ; & LOGISTILLE, le Chœur de la Suite de la GLOIRE, les Chœurs des Fées & des Heros chantent ensemble.

78

LOGISTILLE, & les Chœurs.

La Gloire vous appelle,
Ne soûpirez plus que pour elle,
Non, n'oubliez jamais
Les maux que l'Amour vous a faits

Fin du cinquiéme & dernier Acte.

Airs chantez par Mademoiselle D u n.

AU PREMIER ACTE.

Son come farfalletta
In mezzo à due facelle
Dubbia volando vá.

Rifolvere non sà
In tanto femplicetta,
Arde di quá di lá.

Son come farfalletta
In mezzo à due facelle
Dubbia volando vá.

AU DEUXIE'ME ACTE.

Cedez, & remportez une douce victoire,
Joignez au charme de la gloire
Le plaifir touchant de l'amour.

Rendez vôtre triomphe auffi doux que durable,
Vous enchaînez l'Amant le plus aimable;
Qu'il vous enchaîne à vôtre tour.

AU TROISIE'ME ACTE,

CANTATE.

ARIETTE.

Amant, ſi vous êtes conſtant,
Toûjours empreſſé, toûjours tendre,
Il eſt aiſé de vous apprendre
Quel eſt le ſort qui vous attend.

Quel Objet pourroit ſe deffendre ?
Eſperez, vous ſerez content.
L'inſtant eſt marqué pour ſe rendre ;
L'Amour ameine cet inſtant,
Pourvû que vous vouliez l'attendre.

Amant, ſi vous êtes conſtant,
Toûjours empreſſé, toûjours tendre,
Il eſt aiſé de vous apprendre,
Quel eſt le ſort qui vous attend.

RECIT.

Venez, fieres Beautez, écoutez nos chanſons,
Songez à profiter de nos tendres leçons ;
Vous ſoumettez à vôtre Empire
Une foule d'Amants :
Si vous les mépriſez, je ne puis vous prédire
Que des regrets & des tourments.

ARIETTE.

L'Amour qui vole fur vos traces,
Ne regne que dans les beaux ans,
Il va s'enfuir avec les graces,
Que vous donne vôtre printemps.

Vous perdez les jours favorables,
Où vos yeux pourroient tout charmer;
Quand vous ne ferez plus aimables,
Que vous fervira-t'il d'aimer?

L'Amour qui vole fur vos traces,
Ne regne que dans les beaux ans,
Il va s'enfuir avec les graces,
Que vous donne vôtre printemps.

AU QUATRIE'ME ACTE.

Augelletti che volate
Di fronda in fronda,
Chí é di voi che mí rifponda.

Il piacer voi mi negate
Del voftro canto;
Perche il mio non é che pianto,
Pianto fol che il core inonda.

Augelletti che volate
Di fronda in fronda,
Chí é di voi che mí rifponda.

PRIVILEGE GENERAL.

LOUIS PAR LA GRACE DE DIEU, ROY DE FRANCE ET DE NAVARRE, à nos amez & feaux Confeillers, les Gens tenant nos Cours de Parlement, Maîtres des Requêtes ordinaires de nôtre Hôtel, Grand Confeil, Prévôt de Paris, Baillifs, Senéchaux, leurs Lieutenants Civils, & autres nos Jufticiers qu'il appartiendra, SALUT: Le Sieur GUYENET, nôtre Confeiller-Treforier-General-Receveur & Payeur des Rentes de l'Hôtel de nôtre bonne Ville de Paris, Nous a fait remontrer qu'ayant obtenu de Nous le Privilege de faire reprefenter les OPERA durant le temps de dix années, à compter du premier Mars 1709. Il auroit depuis acquis les Privileges que Nous avions cy-devant accordez aux Sieurs de Francini, de Lully fils, & Ballard, pour l'impreffion defdits OPERA, efquels il defireroit donner au Public, s'il Nous plaifoit luy accorder nos Lettres de Privilege fur ce neceffaires. A CES CAUSES, defirant favorablement traiter l'Expofant, attendu les grandes dépenfes qu'il convient faire, tant pour l'Impreffion que pour la Gravure en Taille-douce des Planches dont ce Livre fera orné. Nous luy avons permis & permettons par ces prefentes de faire imprimer & graver les PAROLES, ET LA MUSIQUE DE TOUS LESDITS OPERA QUI ONT ETE', OU QUI SERONT REPRESENTEZ PAR L'ACADEMIE ROYALE DE MUSIQUE, tant feparement, que conjointement, en telle forme, marge, caractere, nombre de Volumes, & de fois que bon luy femblera, & de les faire vendre & debiter par tout nôtre Royaume, pendant le temps de dix années confecutives, à compter du jour de la datte defdites préfentes. FAISONS D'EFENSES à toutes perfonnes de quelque qualité & condition quelles puiffent être, d'en introduire d'impreffion étrangere, dans aucun lieu de nôtre obeiffance; Et à tous Imprimeurs, Libraires, Graveurs, & autres, d'Imprimer, faire Imprimer, vendre, faire vendre, debiter, ny contrefaire lefdites Impreffions, Planches & Figures, en tout ny en partie, fans la permiffion expreffe & par écrit dudit Sieur Expofant, ou de ceux qui auront Droit de luy, à peine de confifcation des Exemplaires contrefaits, de fix mil livres d'amende contre chacun des contrevenants; dont un tiers à Nous, un tiers à l'Hôtel-Dieu de Paris, l'autre tiers audit Sieur Expofant, & de tous dépens, dommages & interefts: à la charge que ces préfentes feront Enregiftrées tout au long fur le Regiftre de la Communauté des Imprimeurs & Libraires de Paris, & ce dans trois mois de la datte d'icelles; Que la Gravure & Impreffion defdits Opera, fera faite dans nôtre Royaume, & non ailleurs, en bon Papier & en beaux Caracteres conformement aux Reglements de la Librairie; & qu'avant que de les expofer en vente, il en fera mis deux Exemplaires dans nôtre Bibliotheque publique, un dans celle de nôtre Château du Louvre, & un dans celle de nôtre tres-cher & feal Chevalier Chancellier de France le Sieur Phelypeaux, Comte de Pontchartrain, Commandeur de nos Ordres; le tout à peine de nullité des préfentes: du contenu defquelles, vous mandons & enjoignons de faire joüir ledit Sieur Expofant, ou fes Ayants caufe, pleinement & paifiblement, fans fouffrir qu'il leur foit fait aucun trouble ou empêchement. VOULONS que la copie defdites préfentes, qui fera imprimée, au commencement ou à la fin defdits Opera, foit tenuë pour dûëment fignifiée, & qu'aux copies collationnées par l'un de nos amez & feaux Confeillers & Secretaires, foy foit ajoûtée comme à l'Original. COMMANDONS au premier nôtre Huiffier ou Sergent, de faire pour l'exécution d'icelles, tous Actes requis & neceffaires, fans demander autre permiffion, & nonobftant Clameur de Haro, Charte Normande, & Lettres à ce contraires: CAR tel eft nôtre plaifir. DONNE' à Paris le vingt-deuxiéme jour de Juin, l'An de grace 1709. Et de nôtre Regne, le foixante-feptiéme. Par le ROY, en fon Confeil. Signé, LE COMTE, avec Paraphe, & fcellé.

J'ay cédé à Monfieur *Ballard*, feul Imprimeur du Roy pour la Mufique, le prefent Privilege, fuivant le Traité fait avec luy le 19e. jour d'Avril 1709. A Paris ce 12. Juillet 1709. Signé, GUYENET.

Regiftré fur le Regiftre No. 2. de la Communauté des Imprimeurs & Libraires de Paris, page 461. No. 901. & 902. Conformément aux Reglements, & nottament à l'Arreft du Confeil du 13. Aouft 1703. A Paris ce 12. Juillet 1709. Signé L. SEVESTRE, Syndic.

www.ingramcontent.com/pod-product-compliance
Lightning Source LLC
LaVergne TN
LVHW050619090426
835512LV00008B/1558